Un conte écrit et raconté par

Marlène Jobert

Maman a engagé une sorcière

Pour faire aimer la musique de CHOPIN

Illustration : Charlotte Roederer et Régis Faller

Quand, un matin, le petit Frédéric vit, pour la première fois, la nouvelle femme de ménage que sa maman venait d'engager, il fut épouvanté !

— Qu'elle est laide ! On dirait une sorcière ! se dit-t-il en s'enfuyant dans sa chambre.

La laideur de cette femme l'étonnait tant que toute la journée il ne put s'empêcher de l'observer en cachette.

Et le soir, il n'avait plus de doute : cette femme n'avait pas seulement L'AIR D'UNE SORCIÈRE, C'EN ÉTAIT VRAIMENT UNE…

Quand sa maman rentra de son travail, il l'avertit aussitôt, mais elle lui répondit en riant :

— Oh ! Que s'est-il mis dans la tête, mon tout petit !

Agnieszka parle très mal le français, voilà tout !…

Cette maman ne savait donc pas qu'il y a des choses que les enfants devinent mieux que les grandes personnes !

Le lendemain matin, au moment où sa mère partait, Frédéric lui répéta qu'il était en danger, mais cela la fit rire à nouveau, et elle s'en alla en le laissant seul avec cette horreur d'Agnieszka.

Il était désespéré.

L'après-midi, à la sortie de l'école, la sorcière lui tendit la main, il la refusa. Ses doigts longs et maigres lui donnaient des frissons ! Sûr que si elle parvenait à le toucher, il serait perdu !

Il refusa aussi le goûter sûrement empoisonné qu'elle lui avait préparé ! Il préféra se faire inviter chez Caroline, sa petite voisine…

Quand sa maman fut de retour et que la sorcière lui dit :

— Moi fabriqué gâteau beaucoup bien, petit poussin mangé rien. Frédéric se fit gronder.

Le soir, à table, en savourant le plat que l'affreuse bonne femme avait cuisiné, son père s'exclama :

— Hum ! C'est un régal. Cette femme est vraiment douée !

Comment voulez-vous qu'après cela Frédéric ose parler de ses inquiétudes à son papa ?

Alors, plus tard pendant que sa maman lui disait bonsoir, entre deux baisers, il essaya encore de lui confier son angoisse qui grandissait. Mais elle lui dit :

— Mon tout petit, les sorcières n'existent que dans les histoires ! Ah, c'est de ma faute aussi ; j'ai dû trop t'en raconter… Je t'assure, que tu te fais des idées !

Le lendemain, sa copine Caroline, qui elle seule le croyait, lui demanda :

— Tu as raconté à ta maman que ta sorcière disait des formules magiques aux plantes vertes quand elle les arrosait ? Et puis aussi qu'elle parlait à son balai ?

— Bien sûr, Tiens ! Et elle a rigolé ! Tout à l'heure, tu sais ce qu'elle faisait la sorcière ? Dans un gros chaudron... Eh ben ! Elle préparait un truc… mais, un truc vraiment bizarre ! Vert « caca d'oie » et qui faisait des bulles en plus !

— Oh, la, la ! C'est sûrement une recette pour te transformer en souris, en chameau ou, je n'sais pas moi, en poulet !

— Déjà qu'elle m'appelle Petit Poussin !

— Oh, la, la, la, la… Eh ben… !

De retour chez lui, il allait comme d'habitude s'enfermer dans sa chambre quand la sorcière arriva avec un saladier :

— Ce soir, vous manger spécial dessert moi. To bedzie dobre* Vous mourir plaisir. Vous hum... paradis ! To bedzie dobre.

Le petit garçon eut la chair de poule en reconnaissant la bouillie vert « caca d'oie ». On aurait dit des limaces et des vers de terre écrasés…

* — Ce sera bon !

Au moment du dessert quand sa maman porta à la bouche une cuillère de bouillie, il bondit :

— Non ! Maman ! Non ! N'y touche pas !

— Mais pourquoi ! ?

— Elle veut nous envoyer au paradis. Elle veut nous tuer ! Elle l'a dit.

— Hmmm ! Pourtant quel délice, ta sorcière est une fée !

— C'est sûrement une recette de son pays ! dit son papa en remplissant son assiette.

— Oh non, papa ! Non ! Pas toi aussi !

— Mais bien sûr que si ! D'abord parce que j'adore la compote à la rhubarbe et puis, il faut que tu aies la preuve, enfin, que tu te fais des idées !

Et il la dégusta jusqu'à la dernière cuillerée…

Frédéric regardait ses parents en faisant de gros efforts pour ne pas pleurer…

Après le dîner, le petit garçon paraissait si bouleversé que son papa le prit sur ses genoux.

— Elle est méchante avec toi, Agnieszka, quand nous ne sommes pas là ?

— Euh… Non.

— Elle s'occupe mal de toi ?

— Euh… Non.

— Qu'a-t-elle fait qui te déplaise, alors ?

— Euh… Rien… Si ! tout !

— Tout ? Mais encore… ? Bon, c'est vrai qu'elle n'est pas très jolie. Mais...

— Elle est horrible !

— Ce n'est pas une raison, ça, mon petit bonhomme. C'est une grande erreur de ne pas accepter les gens parce qu'ils n'ont pas la chance d'être beaux !

Le lendemain, à son réveil, Frédéric se précipita dans la chambre de ses parents… Personne. Dans la salle de bains… personne. Dans le salon… toujours personne ! Affolé, il courut alors à la cuisine, et la enfin, ils les trouva, ils préparaient tranquillement le petit déjeuner.

— A-t-il de l'appétit, ce matin, mon tout petit ?

— Et a-t-il bien dormi, notre petit chéri !

Frédéric sentait bien qu'ils le taquinaient un peu, mais il était tellement soulagé de les retrouver vivants tous les deux !

L'après-midi, à l'heure du goûter, Frédéric descendit comme tous les jours chez Caroline. Dix minutes plus tard, il remonta chercher un livre qu'il voulait lui prêter.

En arrivant sur le palier, il entendit de la musique.

— Elle est culottée cette sorcière d'écouter un disque ! Je le répéterai. Mes parents ne veulent pas qu'on touche à leur chaîne stéréo.

Il était ravi d'avoir trouvé enfin quelque chose à lui reprocher.

Dès qu'il sonna, la musique s'arrêta. Quand elle lui ouvrit la porte, il fit comme s'il n'avait rien remarqué.

— Je sais comment je vais la piéger… Je vais faire semblant de ressortir…

Il attendit qu'elle soit dans la cuisine pour claquer la porte d'entrée. Il se cacha vite derrière un rideau… Et quelques secondes plus tard... Il avança alors sur la pointe des pieds jusqu'au salon…

Agnieszka était assise au piano, et… c'était elle qui jouait ! Pour la première fois, Frédéric entendait ce vieux piano qui avait appartenu à un de ses grand-pères. Ses parents ne l'ouvraient jamais, puisque ni l'un ni l'autre n'était musicien.

— Il n'y a que les sorcières pour jouer aussi bien !

D'ailleurs sa musique l'ensorcelait. Il ne pouvait plus bouger.

Agnieszka se retourna lentement. Son visage était inondé de larmes ! Elle leva la tête et vit Frédéric. Il courut à toutes jambes dans sa chambre. Elle partit à sa poursuite, mais pas assez vite, il s'était déjà enfermé. Derrière la porte, il l'entendit renifler.

— Petit poussin, moi aime piano comme ma vie ! Pas piano moi Maison ! Sivouplé, pas parler toi parents ! Bo strace moja prace* !

Le petit poussin était bien intrigué. Dans les contes, les sorcières ne pleuraient jamais et ne jouaient pas de musique.

Le soir, avant de partir, Agnieszka lui fit un petit sourire si triste que… Frédéric décida d'attendre encore un peu avant d'en parler à ses parents.

* Sinon, je perdrai mon travail !

Le lendemain, Agnieszka lui acheta un délicieux éclair au chocolat, qu'elle lui offrit à la sortie de l'école.

— Moi merci toi ! Toi chut piano ! Toi gentil, Toi beaucoup gentil !

Frédéric comprit pourquoi elle le remerciait, mais il ne dit rien.

Pour traverser, elle lui tendit la main. Il la prit sans s'en rendre compte. Quand il réalisa que sa petite main était dans celle de la sorcière, il frissonna, mais comme Agnieszka souriait, il n'osa pas la retirer.

Il la lâcha subitement en arrivant devant chez lui…

Un géant les attendait sur le palier.

— Lui messieur réparer piano, toi pas peur !

Frédéric ne savait plus quoi penser. Et si la sorcière l'avait trompé ? Et si ce géant était un ogre et s'il allait le dévorer ?

Il s'apprêtait à fuir, quand la sorcière lui reprit fermement la main pour l'entraîner au salon. Elle tapota plusieurs fois sur une touche du clavier. Le géant, lui, souleva alors le couvercle du piano et plongea la tête à l'intérieur, comme un garagiste dans le moteur d'une voiture.

Puis, longuement, ils baragouinèrent dans leur langage de sorcier. Ils ne s'occupaient pas du tout de Frédéric, mais pas du tout... seulement de cette note sur laquelle Agnieszka tapait sans arrêt.

Enfin, le géant referma le piano. Agnieszka paraissait très contente. Pendant qu'elle le raccompagnait jusqu'à la porte, Frédéric, resté seul au salon, commença à réfléchir :

— Ce géant qui a l'air d'un ogre, c'est peut-être un vrai réparateur… Et cette Agnieszka, c'est peut-être pas une vraie sorcière… même si elle en a l'air… !

Soudain, l'envie d'entendre Agnieszka jouer fut plus forte que lui. Alors, quand elle revint, pour la première fois depuis qu'elle travaillait chez eux, il lui adressa la parole :

— S'il te plaît ! Joue du piano.

— Pas possible, petit poussin ! Moi travail ! Pas possible…

— Je ne le dirai à personne.

— Bon ! Petit peu hein ! toi, chht ! Chttt personne !

— Personne ! Joue la même chose qu'hier.

— Ah ! Toi aime Chopin ! To dobry znak ! To dobry znak* !

Et elle joua encore mieux que la première fois ! Ses mains longues et fines devenaient belles, très belles, quand elles couraient sur le clavier…

Tous les autres après-midi, Frédéric lui réclama du Chopin… et elle ne se faisait pas longtemps prier.

Un jour, après avoir fini de jouer, elle lui dit :

— Chopin, Pologne, moi Pologne ! Lui, Frédéric ! Toi, Frédéric !

— Ah bon ! Il a le même prénom que moi !

— Tak ! Frédéric Chopin…

— Mais comment tu fais pour jouer si bien ?

— Moi pianiste Pologne !

— Pourquoi tu préfères faire des ménages, alors ?

— Oh… To trudne do wytlumaczenia**. Dur parler, petit poussin. Moi pas parler français : moi ménage ! Toi apprenez moi français ; moi, apprenez toi piano… !

« — D'accord ! On commence tout de suite ! »

* C'est bon signe !
** C'est difficile à expliquer.

— Mais, toi parler jamais ?

— Ce sera un secret ! Promis-juré ! Allez !

Et à partir de ce jour, dès qu'il rentrait de l'école, ils travaillaient ensemble :

— Non, pas comme ça, petit poussin… Toi pas bian comprendre.

— Non, on dit tu n'as pas bien compris, répète :

— Tou na pa bian compris. Ouille... dour !

Et, au fil des jours, au fil des cours – de français ou de piano, le visage disgracieux d'Agnieszka lui paraissait curieusement de moins en moins laid, surtout lorsqu'elle souriait… Et, elle souriait souvent ; son petit élève était si doué ! Ce professeur pour lui tout seul à la maison, qui lui transmettait en cachette son savoir et son affection, fit faire à Frédéric des progrès incroyables !

Et, quelques mois plus tard, tous les deux décidèrent de préparer pour Noël une merveilleuse surprise.

Mais plus le jour de la surprise approchait, plus Frédéric avait du mal à garder son secret… Mais il tenait bon !

Quand sa maman lui disait : « Je suis contente que tu t'entendes mieux avec Agnieszka, qu'avez-vous fait aujourd'hui ? », il répondait : « Comme d'habitude, rien ! »

Quand son papa s'étonnait des progrès en français de leur femme de ménage et qu'il disait : « Elle est douée pour tout, cette Agnieszka… ! C'est moi qui commence à la trouver louche ! », cela le faisait rire aux larmes, mais il ne répondait rien. Il ne disait rien non plus à Caroline, sa meilleure copine, quand ils se croisaient dans l'escalier. « Alors avec ta sorcière comment ça va ? » « Ça va, ça va, que veux-tu, je m'habitue ! »

Il réussit à tenir sa langue jusqu'au bout.

Et, le soir de Noël... Devant toute la famille réunie, Frédéric joua le prélude n° 7 de Chopin.

Quand il eut terminé, ses parents furent si émus qu'ils restèrent un long moment sans pouvoir ni bouger, ni parler.

Le petit se leva et alla chuchoter quelque chose à l'oreille d'Agnieszka… Comme elle hésitait, il la tira par la main jusqu'au piano…

Et, alors, la drôle de femme de ménage leur interpréta avec ses doigts de fée – et non de sorcière – cette valse aux notes magiques écrite par un autre Frédéric. Un certain Chopin…